Main Street und andere Gedichte

Joyce Kilmer

Writat

Diese Ausgabe erschien im Jahr 2023

ISBN:

Herausgegeben von
Writat
E-Mail: info@writat.com

Inhalt

Hauptstraße

(Für SML)

Ich schaue gerne auf die blühende Spur des Mondes auf dem Meer,

Aber es ist kein halb so schöner Anblick wie die Main Street früher

Als alles mit ein paar Fuß Schnee bedeckt war,

Und über die klare und strahlende Straße würden die klingelnden Schlitten fahren.

Nun, die Hauptstraße war von Herbstblättern gesäumt, es war eine angenehme Sache,

Und seine Dachrinnen waren zu Beginn des Frühlings voller Löwenzahn;

Ich stelle es mir gerne weiß vor Frost oder staubig in der Hitze vor,

Weil ich denke, dass sie menschlicher ist als jede andere Straße.

Eine belebte und breite Stadtstraße wird von tausend Rädern gemahlen,

Und die Last des Verkehrs auf seiner Brust ist alles, was es jemals spürt:

Es ist sich des Gewichts und der Geschwindigkeit und der Arbeit, die nie endet, völlig bewusst.

Aber es kann nicht menschlich sein wie die Main Street und seine Freunde erkennen .

An einem Tag waren nur etwa hundert Teams auf der Main Street.

Und zwanzig oder dreißig Leute, schätze ich, und ein paar Kinder, die draußen spielen wollten.

Und es gab weder einen Wagen noch einen Kinderwagen, noch einen Mann, noch ein Mädchen oder einen Jungen

Daran erinnerte sich Main Street nicht und schien es irgendwie zu genießen.

Der Lastkraftwagen und der Motor- und Trolleywagen und die Hochbahn

Sie lassen die müden Straßen der Stadt vor Schmerz widerhallen:

Aber tief in meinem Herzen ist noch ein Echo zurückgeblieben

Von der Musik, die das Kopfsteinpflaster der Main Street unter einem Metzgerkarren
machte.

Gott sei Dank für die Milchstraße, die über den Himmel verläuft,

Das ist der Weg, den meine Füße beschreiten würden, wann immer ich sterben müsste.

Manche Leute nennen es ein Silberschwert, andere eine Perlenkrone.

Aber das Einzige, woran ich denke, ist Main Street, Heaventown .

Dächer

(Für Amelia Josephine Burr)

Die Straße ist breit und die Sterne sind draußen

und der Atem der Nacht ist süß,

Und dies ist die Zeit, in der das Fernweh mich überkommen sollte.

Aber ich bin froh, mich von der offenen Straße und dem Sternenlicht auf meinem Gesicht abzuwenden,

Pracht der Natur für einen menschlichen Wohnort zu verlassen .

Ich habe noch nie einen Vagabunden gesehen, der wirklich gerne umherstreifte

Alles auf und ab auf den Straßen der Welt und kein Zuhause zu haben:

Der Landstreicher, der letzte Nacht in deiner Scheune geschlafen hat und bei Tagesanbruch gegangen ist

Wird nur wandern, bis er eine andere Bleibe findet.

Ein Zigeuner schläft in seinem Karren mit Segeltuch darüber;

Sonst geht er in sein Zelt, wenn es Zeit zum Schlafen ist.

Er wird im Gras sitzen und es sich gemütlich machen, solange die Sonne hoch steht.

Aber wenn es dunkel ist , möchte er ein Dach, um den Himmel fernzuhalten.

Wenn man einen Zigeuner einen Vagabunden nennt, tut man ihm meiner Meinung nach Unrecht,

Denn er geht nie auf Reisen, sondern nimmt sein Zuhause mit.

Und der einzige Grund, warum eine Straße gut ist, wie jeder Wanderer weiß, ist

Liegt nur an den Häusern, den Häusern, den Häusern, zu denen es geht.

Sie sagen, dass das Leben eine Autobahn ist und ihre Meilensteine die Jahre sind,

Und ab und zu gibt es eine Mautstelle, an der man sich mit Tränen den Weg freikauft.

Es ist eine holprige Straße und eine steile Straße und sie erstreckt sich breit und weit,

Aber schließlich führt es zu einer goldenen Stadt, in der es goldene Häuser gibt.

Der Schneemann im Hof

(Für Thomas Augustine Daly)

Das Haus des Richters hat eine prächtige Veranda mit Säulen und Stufen aus Stein,

Und der Richter hat eine schöne blühende Hecke, die von jenseits der Meere stammt;

In der Garage der Hales könntest du mein Haus und alles, was ich besitze, unterbringen,

Und die Hales haben einen Rasen wie ein Smaragd und eine Reihe Pappeln.

Jetzt habe ich nur noch ein kleines Haus und nur wenig Grundstück,

Und nur ein paar Quadratmeter Rasen mit Löwenzahnblüten;

Aber wenn der Winter kommt, habe ich etwas da

dass der Richter und die Hales es nicht getan haben,

Und es lohnt sich mehr, es zu haben als all ihren Reichtum –

Es ist ein Schneemann im Hof.

Das Geld des Richters bringt Architekten dazu, sein Herrenhaus schön zu gestalten.

Die Hales haben sieben Gärtner, die ihre Rosen wachsen lassen;

Der Richter kann seine Bäume aus Spanien und Frankreich und von überall her beziehen,

Und inmitten des ganzen Schnees seine Orchideen unter Glas züchten.

Aber ich habe etwas, das noch nie ein Architekt oder Gärtner gemacht hat,

Eine Sache, die durch die geschäftige Berührung kleiner Fäustlingshände geformt wird:

Und der Richter würde sein einsames Anwesen aufgeben, wo der ebene Schnee liegt

Für das kleine Haus mit dem zertrampelten Garten,

der Hof, wo der Schneemann steht.

Sie sagen, dass Adam und Eva unter Tränen vertrieben wurden

Ihr Leben lang zu schuften und zu leiden,

wegen der Sünde, die sie begangen haben,

Der Herr ließ Winter sie für die Hälfte ihrer Verbannungsjahre bestrafen,

Um ihr Blut mit dem Schnee zu kühlen und zu durchbohren

ihr Fleisch mit dem eisigen Wind.

Aber wir, die wir den Urfluch erben und für unser Brot arbeiten ,

Habe Gott sei Dank noch das Geschenk der Heimat erhalten, obwohl das Tor Edens
verschlossen ist:

Und durch den Kristallschleier des Winters blühen die Rosen der Liebe rot,

Für denjenigen, der in einem Haus lebt, in dessen Hof ein Schneemann steht.

Ein blauer Valentinstag

(Für Aline)

Monsignore,

Hochwürdiger Bischof Valentinus,

Irgendwann von Interamna, das Ferni genannt wird,

Nun vom entzückenden Hof des Himmels,

Ich grüße dich respektvoll,

Ich knie nieder

Und ich küsse deinen bischöflichen Ring.

Das ist es nicht, Monsignore,

Die duftende Erinnerung an dein heiliges Leben,

Auch nicht das deines strahlenden und freudigen Martyriums,

Was mich veranlasst, mich jetzt an Sie zu wenden.

Aber da dies Ihr erhabenes Fest ist, Monsignore,

Es erscheint mir angemessen, dies festzustellen

Nach einem ehrwürdigen und angenehmen Brauch

Dass ich eine schöne Frau liebe.

Ihre Augen, Monsignore,

Sind so blau, dass sie schöne kleine blaue Reflexe erzeugen

Auf alles, was sie ansieht,

Wie zum Beispiel eine Wand

Oder der Mond

Oder mein Herz.

Es ist wie das Licht, das durch blaues Buntglas fällt,

Aber es gefällt mir nicht ganz,

Denn das Blau ist nicht durchsichtig,

Nur durchscheinend.

Das Licht ihrer Seele scheint durch,

Aber ihre Seele ist nicht zu sehen.

Es ist etwas Flüchtiges, Skurriles, Zärtliches, Mutwilliges, Infantiles, Weises

Und edel.

Sie trägt, Monsignore , ein blaues Gewand,

Hergestellt nach japanischer Art.

Es ist sehr blau —

Ich denke, dass ihre Augen es blauer gemacht haben ,

Färbe es süß

Wie der Druck ihres Körpers ihm gnädigerweise eine Form gegeben hat.

Ich liebe sie, Monsignore ,

Ich liebe alle ihre Eigenschaften;

Aber ich glaube

Auch wenn ich sie nicht liebte

Ich würde das Blau ihrer Augen lieben,

Und ihr blaues Gewand, nach japanischer Art gefertigt.

Monsignore ,

Ich habe Sie noch nie mit einer Bitte belästigt.

Die Heiligen, deren Ohren ich hauptsächlich mit meinen Bitten beunruhige

sind die erlesenste und mütterlichste Brigid,

Galanter Heiliger Stephanus, der Feuer in mein Blut legt,

Und dein Bruder Bischof, mein Gönner,

Der großzügige und fröhliche Heilige Nikolaus von Bari.

Aber dank Ihrer Höflichkeit, Monsignore ,

Tu mir diesen Gefallen :

Wenn du dich heute Morgen auf den Weg machst

Zum Elfenbeinthron, der voller Rosen blüht

wegen der, die darauf sitzt,

Wenn Sie kommen, um Unserer Lieben Frau Ihr Devoir zu erweisen,

Ich bitte dich, sag zu ihr:

„Madame, eine arme Dichterin, eine Ihrer singenden Dienerinnen, die noch auf Erden ist,

Hat mich gebeten zu sagen, dass er Ihnen in diesem Moment besonders dankbar ist

Für das Tragen eines blauen Kleides.

Häuser

(Für Aline)

Wenn du stirbst und in den Himmel kommst

Gehen Sie ruhig und sanft,

Heiliger Petrus, wenn er dich dort sieht,

Wird seine Schlüssel klirren lassen und sagen:

„Jetzt reden Sie mit ihr, Sir Christopher!

Und beeil dich, Michelangelo!

Sie will Bauen spielen,

Und du musst ihr beim Spielen helfen!"

Jeder Architekt hilft beim Aufbau

Ein Palast auf einem Wolkenrasen,

Mit Regenbogenbalken und einem Sonnenuntergangsdach,

Und ein ebener Boden mit Sternenfliesen;

Und nach Belieben können Sie die Fähigkeit nutzen

Von dieser fröhlichen Engelsmenge,

Wenn ein Haus gebaut ist, wirst du es niederreißen,

Und sie werden dir zwanzig weitere bauen.

Für Christopher Wren und diese anderen Männer

Wer hat früher auf der Erde gebaut?

Werde gerne wieder zur Arbeit gehen

Wenn sie für Sie arbeiten könnten.

„Diese Veranda", werden Sie sagen, „sollte in diese Richtung gehen!"

Und sie werden für alles arbeiten, was sie wert sind,

Und sie werden jeden Morgen in deinen Palast kommen,

Und frage dich, was zu tun ist.

Und wenn die Nacht über die Himmelsstadt hereinbricht

(Wenn es dort oben Nacht sein sollte)

Sie werden das Haus auswählen, das Ihnen am besten gefällt

Von allem, was Sie sehen können:

Und seine Wände werden leuchten, während du schläfrig gehst

Zum Bett die goldene Treppe hinauf,

Und ich hoffe, dass du sanft genug bist, es zu behalten

Ein Zimmer in deinem Haus für mich.

In Erinnerung

ICH

Ruhig und schön und sehr weise,

Am gelehrtesten in seltsamen griechischen Überlieferungen,

Du liegst und liest deine gelehrten Bücher und langweilst dich

Eine Last unvergossener Tränen und stiller Seufzer.

Das Lied in deinem Herzen könnte niemals aufsteigen

Bis die Liebe es befahl, seine Flügel auszubreiten und aufzusteigen.

Auch zuvor konntest du Beauty nicht ins Gesicht sehen

Der brennende Mund eines Dichters hatte deine Augen berührt.

Liebe entsteht aus Ekstase und Staunen;

Liebe ist ein ergreifender und gewohnter Schmerz.

Es ist ein Donnerschlag, der den Himmel erschüttert;

Es ist das Flöten eines Hänflings nach Regen.

Die Stimme der Liebe ist durch dein Lied; oben und unten

Und in jeder Note ein Echo und ein Verweilen.

II

Weil die Menschheit froh und mutig und jung ist,

Voller fröhlicher Flammen, die weiß und scharlachrot leuchten,

Alle Freuden und Leidenschaften, die die Menschheit kennen mag

Von dir wurde edel gefühlt und edel gesungen.

Weil das Herz der Menschheit jeden Tag zerrissen wird

Durch die wilden Hände des Schicksals, die es so verdrehen und zerreißen,

Deshalb hast du das unsterbliche Leid des Menschen wiederholt,

Eine äolische Harfe hing an den Zweigen des Lebens.

Ebenso schwebten die Geister schuftender Kinder

Über die erbärmlichen Portale deines Geistes;

Deine Augen, die auf Ruhm schauten, konnten es entdecken

Die wütende Narbe, für die die Welt blind war:

Und es war Trauer, die die Menschheit zu deinem Liebhaber machte,

Und es war die Trauer, die dich dazu brachte, die Menschheit zu lieben.

III

Bevor Christus die Zitadelle des Lichts verließ,

Um den schrecklichen Weg der menschlichen Geburt zu beschreiten,

Sein Schatten fiel manchmal auf die Erde

Und diejenigen, die es sahen, weinten vor Freude und Schrecken.

„Du bist Apollo, heller als die Sonne!"

Sie weinten. „Unsere Musik ist von geringem Wert,

Aber errege unser Blut mit deiner kreativen Heiterkeit

Du Gott des Gesangs, du Herr der lyrischen Macht!"

O singender Pilger! der lieben und folgen könnte

Dein geliebter Christus, selbst durch die Verzweiflung der Liebe,

Du wusstest es in der von Zypressen verdunkelten Mulde

Die Füße, die auf dem Berg sind, sind so schön.

Denn es war Christus, der dein eigener Apollo war,

Und Dornen waren im Lorbeer auf deinem Haar.

Entschuldigung

(Für Eleanor Rogers Cox)

Für Schläge auf die Festung des Bösen

Das zeigt nie einen Verstoß,

Für schreckliche lebenslange Rennen

Zu einem Ziel, das kein Fuß erreichen kann,

Für rücksichtslose Sprünge in die Dunkelheit

Mit ausgestreckten Händen zum Stern,

Im Himmel herrscht Jubel

Wo die großen toten Dichter sind.

Es gibt Freude über Enttäuschung

Und erfreue dich an Hoffnungen, die vergeblich waren.

Jeder Dichter ist froh, dass es keine Heilung gab

Um seinen einsamen Schmerz zu stoppen.

Denn nichts hält einen Dichter

In seiner hohen Gesangslaune

Wie unstillbarer Hunger

Für unerreichbares Essen.

Also freuen sich die Narren über die Torheit

Das brachte sie zum Weinen und Singen,

Und Keats ist Fanny Brawne dankbar

Und Drummond für seinen König.

Das wissen sie von Flinty Sorrow

Und Versagen und Verlangen

Der Stahl ihrer Seelen wurde gehämmert

Um das lyrische Feuer hervorzubringen.

Lord Byron und Shelley und Plunkett,

McDonough und Hunt und Pearse

Sehen Sie jetzt, warum sie Tyrannen hassen

War so eindringlich heftig.

Ist Freiheit nur ein Irrlicht?

Um das Auge eines Dichters zu betrügen?

Ob Phantom oder Tatsache, es ist eine edle Sache

Zum Singen und Sterben!

Also nicht für den Rainbow genommen

Und der magische Weiße Vogel fing

Die Dichter singen dankbare Weihnachtslieder

An dem Ort, den sie besucht haben;

Aber für die Leidenschaft ihres Lebens,

Die Suche, die fruchtlos und langwierig war,

Sie singen im Chor ihre lautstarke Danksagung

An den dornengekrönten Meister des Liedes.

Der stolze Dichter

(Für Shaemas O Sheel)

Eines Winterabends kam ein Teufel und setzte sich auf mein Bett.

Seine Augen waren voller Lachen, denn sein Herz war voller Verbrechen.

„Warum fängst du nicht mit ausgefallenen Arbeiten oder dem Sticken an?" er sagte,

„Denn eine Nadel ist ein ebenso männliches Werkzeug wie ein Stift, der einen Reim macht!"

„Du kleiner hässlicher Teufel", sagte ich, „geh zurück in die Hölle."

Für die Idee, die Sie zum Ausdruck bringen, werde ich nicht zuhören:

Ich habe auch genug Probleme mit Poesie und Armut,

Ohne auf Redner wie Sie achten zu müssen.

„Wenn man von der Herstellung von Balladen und Liedern sagt, dass es Frauensache ist

Du vergisst all die kämpfenden Dichter, die es in jedem Land gegeben hat.

Da war Byron, der alle seine Liebsten zurückließ, um gegen den Türken zu kämpfen,

Und David, der singende König der Juden,

der mit einem Schwert in der Hand geboren wurde.

Es war gestern, als Rupert Brooke in den Krieg zog und starb.

Und Sir Philip Sidneys lyrische Stimme war so süß wie sein Arm stark war;

Und Sir Walter Raleigh traf die Axt, wie ein Liebhaber seine Braut trifft,

Weil er den Mut seines Liedes in seiner Seele trug.

„Und es gibt keinen Trost, der das Herz so berührt

Wie die Wärme und das Weiß, die den Zeilen edler Poesie entspringen.

Es ist eine große Freude, es zu lesen, wenn die Wunden des Geistes schmerzen,

Es legt die Flamme in eine einsame Brust, wo nur Asche ist.

Es ist eine große Freude, es zu lesen, und es ist eine Sache, es zu machen

Das erhebt einen Mann mit einem heiligeren Stolz als jeder Stolz auf der Erde.

Denn es lässt ihn vor einem gebrochenen Sklaven niederknien und seinen Fuß auf einen König setzen,

Und es erschüttert die Wände seiner kleinen Seele mit dem Echo der Fröhlichkeit Gottes.

„Da war der Dichter Homer, der den Kummer hatte, blind zu sein,

Doch hundert Menschen mit guten Augen hörten ihm die ganze Nacht zu;

Denn sie hatten große Freude am Himmel seines Geistes,

Und waren froh, als der alte blinde Dichter sie an seinem Sehvermögen teilhaben ließ.

Und da lag Heine den ganzen Tag auf seiner Matratze,

Er hatte keinen Reichtum, er hatte keine Freunde, er hatte überhaupt keine Freude,

Außer, dass er seinen Kummer in kleine Becher mit Liedern gießt,

Und die Welt findet in ihnen den magischen Wein, den sein gebrochenes Herz fallen ließ.

„Und das sind nur ein paar Namen aus einer Liste von über tausend Namen

Die der Welt in Armut und Schmerz ihren Ruhm verliehen haben.

Und der Titel eines Dichters ist eine edle Sache, für die es sich zu leben und zu sterben lohnt,

Obwohl alle Teufel auf Erden und in der Hölle mir ihre Verachtung entgegenspucken.

Es ist eine schwere und gefährliche Arbeit, die Hand in die Sonne zu strecken

Und ziehe einen Funken unsterblicher Flamme hervor, um die Herzen der Menschen zu erwärmen:

Aber Prometheus, zerrissen von den Klauen und Schnäbeln, dessen Aufgabe niemals erledigt ist,

Würde eine weitere Ewigkeit gefoltert werden, um wieder Feuer zu stehlen.

Lionel Johnson

(Für Rev. John J. Burke, CSP)

In der Luft Londons lag ein düstererer Hauch

Als ob der ehrliche Nebel vor Scham schwarz errötete.

Narren sangen von der Sünde, für den Beifall anderer Narren,

Und Miltons Kranz wurde Baudelaire zugeworfen.

Überall blühten die Blumen des Bösen,

Aber mitten unter ihnen kam eine strahlende Lilie

Kerzenlicht, rein, ein Kelch lebendiger Flamme,

Blühte einen Tag lang und ließ die Erde schöner zurück .

Und war es Charles, dein „schöner und tödlicher König",

Wer hat dich in dem schönen Land willkommen geheißen?

Oder hörte Lord David auf zu harfen und zu singen?

Um seine nacheifernde Hand aufzunehmen?

Oder strahlte das Lächeln Unserer Lieben Frau, um zu bringen

Soll ihr lyrischer Ritter in ihrem Chor stehen?

Pater Gerard Hopkins, SJ

Warum hast du deine Rede mühsam geformt,

Und deine Worte mit neugieriger Kunst verbinden und verbinden?

Denn Song, so sagt man, ist nur ein menschliches Herz

Lautes Sprechen, undiszipliniert und frei.

Nein, Gott sei gepriesen, der dir deine Aufgabe gestellt hat!

Strenger, ekstatischer Handwerker, einzigartig

Von allen, die in Apollos Markt Handel treiben,

Auf deiner formulierten Patene soll die Pracht sein!

Nun werfen wir achtlos einen Reim zu Gott,

Sein Lob singen, wenn andere Lieder fertig sind.

Aber du, der du die Wege kanntest , die Teresa beschritt,

Wenn du dich selbst verlierst, was hast du gewonnen?

O blutende Füße, beschuht mit Frieden und Herrlichkeit!

Oh glückliche Motte, die in die Sonne geflogen ist!

Tore und Türen

(Für Richardson Little Wright)

Es gab einen freundlichen Gastwirt

(Und gesegnet sei sein Name!)

Er öffnete den Stall

Die Nacht, in der Unsere Liebe Frau kam.

Unsere Liebe Frau und der heilige Josef,

Er gab ihnen Essen und Bett,

Und Jesus Christus hat ihn gegeben

Ein Ruhm um seinen Kopf.

Also lasst das Tor aufschwingen

So arm der Hof auch sein mag,

Damit dich keine müden Leute besuchen

Und ihr Durchgang ist versperrt;

Entriegeln Sie die Tür um Mitternacht

Und lass deine Laterne leuchten

Leuchten Sie hinaus, um die Füße des Reisenden zu leiten

Zu dir über den Schnee.

Es gab einen zuvorkommenden Wirt

(Heute Nacht ist er im Himmel)

Er hielt den Zaum Unserer Lieben Frau

Und half ihr auszusteigen;

Er breitete sauberes Stroh vor ihr aus

Worauf sie sich legen könnte,

Und Jesus Christus hat ihn gegeben

Eine ewige Krone.

Öffne heute Abend die Tür
Und lass dein Tor weit aufschwingen,
Mögen alle, die um Schutz bitten
Kommen Sie schnell herein.
Was wäre, wenn Ihr Garten eng wäre?
Was wäre, wenn Ihr Haus klein wäre?
Es kommt ein Gast
Werde alles verherrlichen.

Es gab einen fröhlichen Gastwirt
Der am Weihnachtsmorgen kniete
Neben der strahlenden Krippe
Darin wurde sein Herr geboren.
Sein Herz war voller Lachen,
Seine Seele war voller Glückseligkeit
Als Jesus auf dem Schoß seiner Mutter
Gab ihm seine Hand zum Küssen.

Entblöße heute Abend dein Herz
Und halte keinen Fremden draußen,
Nimm vom großen Portal deiner Seele
Die Barriere des Zweifels.
Um das Volk zu demütigen und zu ermüden
Begrüßen Sie uns herzlich,
Deine Brust soll morgen sein
Die Wiege eines Königs.

Das Gewand Christi

(Für Cecil Chesterton)

Am Fuße des Kreuzes auf Golgatha

Drei Soldaten saßen und würfelten,

Und einer von ihnen war der Teufel

Und er gewann das Gewand Christi.

Wenn der Teufel in seiner richtigen Form erscheint

In die Kammer, in der ich wohne,

Ich kenne ihn und mache das Kreuzzeichen

Was ihn zurück in die Hölle treibt.

Und wenn er wie ein freundlicher Mann kommt

Und legt seine Hand in meine,

Die Leidenschaft in seiner Stimme ist es nicht

Aus Liebe oder Freude oder Wein.

Und wenn er wie eine Frau kommt,

Mit schönen, lächelnden Augen,

Schwarze Träume schweben über seinem goldenen Kopf

Wie ein Schwarm Aasfliegen.

Jetzt viele Millionen gequälte Seelen

In seinen roten Hallen gibt es:

Warum gibt er sein subtiles Handwerk aus?

Auf der Jagd nach mir?

Könige, Königinnen und Wappenkrieger

Wessen Erinnerung durch die Zeit klingelt,
Das sind seine Beute und was für ihn
Ist dieser arme Mann mit Reimen,

Dass er mit solch mühsamer Geschicklichkeit
Sollte von Rolle zu Rolle wechseln,
Sollte täglich so manche Rolle spielen
Um meine kleine Seele zu bekommen?

Oh, er kann der Wald sein,
Und er kann die Sonne sein,
Oder eine Butterblume oder eine Stunde Ruhe
Wenn der anstrengende Tag vorbei ist.

Ich sah ihn durch tausend Schleier,
Und hat das nicht ausgereicht?
Jetzt muss ich den Teufel in seiner Robe betrachten
Im strahlenden Gewand Christi?

Er kommt, und sein Gesicht ist traurig und mild,
Mit Dornen ist sein Haupt gekrönt;
An seinen Füßen sind große blutende Wunden,
Und in jeder Hand eine Wunde.

Wie kann ich sagen, wer ein Narr ist,
Ob das Christus ist oder nicht?
Diese blutenden Hände streckten sich mir entgegen!
Diese Augen, die mich so lieben!

Ich sehe die Robe – ich schaue – ich hoffe –
Ich fürchte – aber es gibt einen
Wer wird meinen unruhigen Geist lenken?
Die Mutter Christi kennt ihren Sohn.

O Mutter des guten Rates, leihe
Intelligenz für mich!
Umfasse mich mit Weisheit,
Du Turm aus Elfenbein!

„Das ist der Mann der Lügen“, sagt sie,
„Verkleidet mit furchterregender Kunst:
Er hat die verletzten Hände und Füße,
Aber nicht das verletzte Herz:

Neben dem Kreuz auf Golgatha
Sie sah ihnen beim Würfeln zu.
Sie sah, wie der Teufel mitspielte
Und gewinne das Gewand Christi.

Das singende Mädchen

(Für Rev. Edward F. Garesche , SJ)

Da war ein kleines Mädchen
In blauem und silbernem Kleid ,
Sie sang zu Gott im Himmel
Und Gott in ihrer Brust.

Es überflutete mich mit Vergnügen,
Es durchbohrte mich wie ein Schwert,
Als dieses junge Mädchen sang: „Meine Seele
Verherrlicht den Herrn."

Die Sterne singen alle zusammen
Und höre die Engel singen,
Aber sie sagten, sie hätten es noch nie gehört
So eine schöne Sache.

Heilige Maria und Heiliger Josef,
Und die heilige Elisabeth,
Beten Sie jetzt für uns Dichter
Und in der Stunde des Todes.

Die Ankündigung

(Für Helen Parry Eden)

„Gegrüßet seist du, Maria, voller Gnade", sagt der Engel.

Unsere Liebe Frau neigt ihr Haupt und schämt sich;

Sie hat einen Bräutigam, dessen Name nicht genannt werden darf,

Ihr sterbliches Fleisch trägt den, der den Tod besiegt.

kriecht ihr Geist im Staub ;

Eine zu helle Sonne, bevor ihre Augen geflammt sind,

Zu schön, eine zu hoch verkündete Heroldsfreude,

Und menschliche Lippen haben im Atem Gottes gezittert.

O Mutter-Magd, du schämst dich zu bedecken

Mit deinem weißen Selbst, auf dem kein Fleck sein kann,

Dein Gott, der vom Himmel kam, um dein Liebhaber zu sein,

Dein Gott, der vom Himmel kam, um in dir zu wohnen.

Über deinem Kopf schweben himmlische Legionen,

Singe das Lob deiner Demut.

Rosen

(Für Katherine Bregy)

Ich ging Rosen pflücken und sie zu einem Ring binden,

Denn ich würde einen Blumenstrauß machen, einen Blumenstrauß für den König.

Ich habe hundert Rosen, die schönsten, die es gibt,

Von der weißen Weinrose und dem rosafarbenen Rosenstrauch und vom roten Rosenbaum.

Aber als ich mein Sträußchen nahm und es Ihm zu Füßen legte

Ich fand, dass seine Rosen eine Million Mal süßer waren .

An jedem Fuß und an jeder Hand war eine scharlachrote Blüte,

Und eine große rosa Rose blühte an seiner Seite zur Heilung des Landes.

Nun wird von diesem schönen und schrecklichen König dieses Wunder erzählt:

Dass er eine Krone aus miteinander verbundenen Dornen anstelle einer Krone aus Gold trägt.

Wo Dornen sind, sind Rosen, und ich sah eine rote Linie,

Ein kleiner Kranz aus Rosen um sein strahlendes Haupt.

Eine rote Rose ist sein Heiliges Herz, eine weiße Rose ist sein Gesicht,

Und sein Atem hat die karge Welt in einen reichen und blühenden Ort verwandelt.

Er ist die Rose von Sharon, Sein Gärtner bin ich,

Und ich werde seinen Duft im Himmel trinken, wenn ich sterbe.

Die Heimsuchung

(Für Louise Imogen Guiney)

Vor den Augen liegt eine Wand aus Fleisch

Von Johannes, der seinen König noch erkennt und ihm zujubelt.

Es ist die schmerzliche Seligkeit Unserer Lieben Frau, sie zu bringen

Vor der Menschheit die Herrlichkeit des Himmels.

Ihre Cousine spürt, wie die süße Last ihres Mutterleibs steigt

Und springt vor Freude, und sie kommt hervor, um zu singen,

Mit zitterndem Mund ihre Begrüßungsworte.

Sie kennt ihren verborgenen Gott und prophezeit.

Heiliger Johannes, bete für uns, müde Seelen, die verweilen

Wo das Leben durch den tödlichen Atem der Sünde verdorrt wird.

Betet für uns, die die Hunde Satans heimsuchen,

Der heilige Johannes, die heilige Anna und die heilige Elisabeth.

Und, Mutter Maria, gib uns Christus zum Tragen

In unseren Herzen, damit wir den Tod besiegen können.

Multiplikation

(Für KMU)

Mit Trauer verabschiede ich mich von Ihm, den ich so sehr liebe;

Ich schaue zum letzten Mal auf Seine kleine und strahlende Gefängniszelle;

O glückliche Lampe! Ihm mit nie aufhörendem Licht zu dienen!

O glückliche Flamme! für immer vor Ihm zu zittern!

Ich verlasse die heilige Stille für den lauten menschlichen Zug,

Und mein Herz, das er angehaucht hat, ist erfüllt von einsamem Schmerz.

O König, o Freund, o Liebhaber! Wie schlimmer Trauer sein kann

In allen rötlichsten Tiefen der Hölle als Verbannung aus Dir?

Aber von meinem Fenster aus, während ich durch das schlafende Land rase

Ich sehe die Städte und Dörfer, in denen Seine Häuser stehen.

Über den Dächern sehe ich ein Kreuz, das sich vor der Nacht abhebt,

Und ich weiß, dass dort mein Geliebter in seiner sakramentalen Macht wohnt.

Herrschaften knien vor Ihm, und Mächte küssen Seine Füße,

Doch für mich hält er seine müde Wache im Trubel der Straße:

Der König der Könige erwartet mich, wohin ich auch gehe,

O wer bin ich, dass er mich so lieben und mir dienen konnte?

das Erntedankfest

(Für John Bunker)

Das Brüllen der Welt ist in meinen Ohren.

Gott sei Dank für das Gebrüll der Welt!

Gott sei Dank für die gewaltige Flut der Ängste

Immer gegen mich geschleudert!

Gott sei Dank für den erbitterten und endlosen Streit,

Und der Stachel seiner Züchtigungsrute!

Gott sei Dank für den Stress und den Schmerz des Lebens,

Und oh , Gott sei Dank für Gott!

Der Dorn

(Für Rev. Charles L. O'Donnell, CSC)

Der Garten Gottes ist ein strahlender Ort,

Und jede Blume hat ein heiliges Gesicht:

Unsere Liebe Frau beugt sich wie eine Lilie über dem wolkigen Rasen,

Aber der heilige Michael ist der Dorn am Rosenstrauch Gottes.

David ist das Lied auf Gottes Lippen,

Und Unsere Liebe Frau ist der Kelch, an dem Er nippt:

Und Gabriel ist der Atem seines Befehls,

Aber der heilige Michael ist das Schwert in Gottes rechter Hand.

Der Elfenbeinturm ist schön anzusehen,

Und mögen ihre Mauern mich umgeben!

Aber wenn der Teufel mit dem Donner seiner Macht kommt,

Heiliger Michael, zeig mir, wie man kämpft!

Das Zirkuszelt

Der dröhnende Lärm der großen Blaskapelle erheitert mein Herz

Und ich mag den Geruch von zertrampeltem Gras, Elefanten und Heu.

Ich ziehe meinen Hut vor dem Akrobaten mit seiner zarten, starken Kunst,

Und die bunte Fröhlichkeit des kreidegesichtigen Clowns vertreibt meine ganze Sorge.

Ich wünschte, ich könnte so fühlen, wie sie sich fühlen müssen, diese mutigen und fairen Spieler,

Die lässig vor einer starrenden Menschenmenge mit dem Tod jonglieren.

Es muss in Ordnung sein, über eine silberne Linie in der Luft zu laufen

Und mit einer Geste wie einem Lied einen Raum von dreißig Metern zu spalten.

Sir Henry Irving kannte nie einen intensiveren, süßeren Nervenkitzel

Als das, was die Brust dessen bewegt, der sein bemaltes Gesicht dreht

An die kreisende Menge, die laut lacht und lautstark in die Hände klatscht

Als Hommage an den Clown, der das große Schubkarrenrennen gewonnen hat.

Nun soll man mit Hammer und Messer in den lebendigen Fels einarbeiten,

Und ein anderer wird auf einem großen weißen Pferd tanzen, das um einen Ring galoppiert,

Durch die Hand eines anderen sollen Farben ein Abbild des Lebens sein;

Und die Herzen der drei werden von einer geheimnisvollen, hohen Sache bewegt.

Denn der Bildhauer und der Akrobat und der Maler sind dasselbe.

Sie kennen eine Hoffnung, eine Angst, einen Stolz, eine Trauer und eine Freude,

Und sie erfreuen sich am endlosen Kampf um die Anerkennung der launischen Welt;

Denn sie verehren die Kunst über den Wolken und dienen ihr auf der Erde.

Aber du, der du aus dem hartnäckigen Felsen keine Form von Schönheit bauen kannst,

Wer kann niemals die strahlenden Farben vermischen, um ein Wunder lebendig zu machen?

Wer kann der Welt sein kleines Weh nur in einem rhythmischen Kleid zeigen –

Was für ein Gegenstück zu Ihnen gibt der Drei-Manigen-Zirkus?

Nun ja – hier in dem kleinen Nebenzelt stehen heute einige Leute,

Einer ist ein Riese, einer ein Zwerg und einer hat eine gemusterte Haut,

Und jeder ist von der unerbittlichen Hand des Schicksals vernarbt, versengt und entstellt.

Und jeder zeigt seine Trauer über den Lohn, mit einer Art Stolz darin.

Sie fassen Ihren Kummer in Reimen zusammen und möchten, dass die Welt so aussieht;

Sie singen die Nachricht von Ihrer zerstörten Hoffnung und möchten, dass die Welt es hört;

Ihr Leid ist in einem Zelt aus Segeltuch untergebracht und Ihres in einem gedruckten Buch.

O Dichter des gebrochenen Herzens, grüße hier deine Brüder!

Königin Elizabeth spricht

Meine Hände waren mit Blut befleckt, mein Herz war stolz und kalt,

Meine Seele ist schwarz vor Scham. . . aber ich habe Shakespeare Gold gegeben.

So kann ich nach Äonen der Flamme, durch die Gnade Gottes,

Erhebe dich, um den Staub zu küssen, den Shakespeares Füße betreten haben.

Mitten im Ozean zur Kriegszeit

(Für meine Mutter)

Die zerbrechliche Pracht des flachen Meeres,

Das heitere und silbern verschleierte Gesicht des Mondes,

Machen Sie aus diesem Gefäß einen verzauberten Ort

Voller weißer Heiterkeit und goldener Zauberei.

Jetzt soll es eine Zeit lang sorgloses Lachen geben

Mit Gesang vermischt, um dem Gesang eine süßere Anmut zu verleihen,

Und die alten Sterne, in ihrem endlosen Rennen,

Soll auf die junge Menschheit achten und sie beneiden.

Und doch heute Nacht, hundert Meilen entfernt,

Dieses Wasser errötet in einem seltsamen und schrecklichen Rot.

Vor dem Mond eine obszön graue Wolke

Erhebt sich von Decks, die mit fliegendem Blei abstürzen.

Und diese Sterne lächeln auf ihre uralte Art

Auf Wellen, die tausend neue Tote einhüllen!

In Erinnerung an Rupert Brooke

Auf fremder Erde, über einem unruhigen Meer,

Sein Körper war so hell und jung.

Sein Mund ist verstopft, die Hälfte seiner Lieder ist nicht gesungen;

Sein Arm ist still, der zuschlug, um die Menschen zu befreien.

Aber lass keine Wolke der Klage aufkommen

Wo am Grab eines Kriegers eine Leier hängt.

Wir behalten die Echos seiner goldenen Zunge,

Wir bewahren die Vision seiner Ritterlichkeit.

So ist die Freude Israels, der schönste aller Könige,

Schlage bald seine Harfe, bald die feindliche Horde.

Heute erklingt das Sternendach des Himmels

Mit Psalmen machte sich ein Soldat daran, seinen Herrn zu preisen;

Und David ruht unter ewigen Flügeln,

Lied auf seinen Lippen und in seiner Hand ein Schwert.

Die neue Schule

(Für meine Mutter)

Die Hallen, die laut waren vom fröhlichen Schritt junger und unvorsichtiger Füße

Sind immer noch in einer Stille, die zu trostlos ist, um wie Urlaub zu wirken,

Und kein einziger Lachstoß stört die Ruhe der träumenden Straße

Oder er erhebt sich, um die efeubewachsenen Wände zu erschüttern und die Tauben zu verscheuchen.

Der Staub liegt auf dem Buch und auf dem leeren Schreibtisch sowie auf dem Tennisschläger und den Bällen

Liegen Sie still in ihrem einsamen Spind und warten Sie auf ein Spiel, das nie gespielt wird,

Und über dem Studien- und Hörsaal und dem Fluss und der Wiese fällt es

Ein strenger Frieden, ein seltsamer Frieden, ein Frieden, den der Krieg geschaffen hat.

Für viele ist jetzt eine jugendliche Schulter schwul mit einer Schulterklappe,

Und die Hand, die geschickt mit einem Cricketschläger umgehen konnte, ist geschickter mit einem Schwert,

Und einige der Jungs werden heute lachen, wo der Graben rot und nass ist,

Und einige werden auf dem blutigen Feld die Auszeichnung des Herrn gewinnen.

Sie haben ihnen ihre Jugend und Fröhlichkeit genommen

vom Arbeits- und Spielplatz

Zu einer neuen Schule in einem fremden Land unter einem fremden Himmel;

Draußen im Rauch und Getöse des Kampfes finden sich ihre Lektionen und Spiele,

Und diejenigen, die lernten, wie man lebt, lernen, wie man stirbt.

Und nachdem der goldene Tag gekommen ist und der Krieg zu Ende ist,

Eine Bronzeplatte an der Kapellenwand erinnert an die verstorbenen Adligen.

Und jeder Name auf dieser strahlenden Liste wird der Name eines Freundes sein,

Ein Name, der im Laufe der Jahrhunderte in dankbaren Gebeten gesprochen werden soll.

Und es wird Geister in der alten Schule geben,

tapfere Geister mit lachenden Augen,

Auf dem Feld mit einem geisterhaften Cricketschläger, am Bach mit einer geisterhaften Rute;

Sie werden die Herzen der Lebenden mit einer Flamme berühren, die heiligt,

Eine Flamme, die sie mit starken jungen Händen nahmen

aus den Altarfeuern Gottes.

Osterwoche

(In Erinnerung an Joseph Mary Plunkett)

(„Das romantische Irland ist tot und verschwunden,

Es ist mit O'Leary im Grab.")

William Butler Yeats.

„Das romantische Irland ist tot und verschwunden,

Es ist mit O'Leary im Grab.

Dann, Yeats, was brachte diesen Ostermorgen?

Ein so strahlend mutiger Farbton?

An diesem Tag regnete es Blut,

Roter Regen bei fröhlich blauem Aprilwetter.

Es segnete die Erde bis zur Geburt

So dick wie Heideblüten.

Das romantische Irland stirbt nie!

O'Leary liegt auf fruchtbarem Boden,

Und Lieder und Speere im Laufe der Jahre

Erhebe dich dort, wo Patriotengräber zu finden sind.

Unsterbliche Patrioten, die kürzlich gestorben sind

Und ihr, die ihr in vergangenen Jahren geblutet habt,

Welche Banner tauchen vor Ihren Augen auf?

Was ist die Melodie, die Ihre Ohren begrüßt?

Die Banner der jungen Republik lächeln

Für viele Meilen, wo Truppen zusammenkommen.

Die O'Connell Street ist lautstark süß

Mit Klängen von Wearing of the Green.

Der Boden Irlands pulsiert und glüht
Mit einem Leben, das weiß, dass die Stunde gekommen ist
Wieder zuschlagen wie die Iren
Für das, was den Iren am Herzen liegt.

Lord Edward verlässt seine Ruhestätte
Und Sarsfields Gesicht ist froh und wild.
Sehen Sie, wie Emmet aus unruhigem Schlaf aufspringt
Um die Hand von Padraic Pearse zu ergreifen!

Es gibt kein Seil, das das Lied erwürgen kann
Und der Tod fordert nicht lange seinen Tribut.
Keine Gefängnisgitter können die Sterne trüben
Auch Branntkalk frisst nicht die lebende Seele.

Das romantische Irland ist nicht alt.
Für unzählige Jahre wird ihre Jugend strahlen.
Ihr Herz ernährt sich von himmlischem Brot,
Das Blut der Märtyrer ist ihr Wein.

Die Kathedrale von Reims

(Aus dem Französischen von Emile Verhaeren)

Er, der durch die Wiesen der Champagne geht

Mittags im Herbst, wenn Blätter wie Gold erscheinen,

Sieht, wie es näher kommt

Wie ein großer Berg in der Ebene,

Von der strahlenden Morgendämmerung bis zum Tagesende,

Näher wächst es

Für den, der geht

Quer durchs Land. Wenn hohe Türme liegen

Ihre schattenhafte Hülle

Auf seinem Weg,

Er tritt ein, wo

Der feste Stein wird von allen tief ausgehöhlt

Seine jahrhundertealte Schönheit und das Gebet.

Alter französischer Tempel! Du, dessen hundert Könige

Wache über dich, prangt an deinen Wänden,

Sag es mir, in deinen von der Erinnerung geheiligten Hallen

Welcher Triumphgesang oder welches Kriegslied erklingt?

Du hast Chlodwig und sein fränkisches Gefolge gekannt,

Dessen mächtige Hand hielt die Hand des Heiligen Remy

Und in deinem geräumigen Gewölbe darfst du vielleicht schlafen

Ein Echo der Stimme Karls des Großen.

Denn Gott, du hast von Seiner Seite aus Angst gekannt

Männer wanderten umher, auf der Suche nach außerirdischen Schreinen und neuen,

Aber der Himmel war immer noch üppig und blau

Und du wurdest mit der Liebe und dem Stolz Frankreichs gekrönt.

Heilig bist du, vom Gipfel bis zum Fuß;

Und in deinen Scheiben aus Gold und Scharlachglas

Die untergehende Sonne sieht sein Gesicht tausendfach;

Trauer und Freude vergehen in stattlicher Stille

Über deinen Mauern der Schatten und das Licht;

Um deine hohen Säulen herum weiße Verjüngungen

Erleuchte, mit zarten, scharfen Flammen,

Die Stirnen der Heiligen mit ehrwürdigen Namen,

Und errichte in der Nacht eine feurige Mauer.

In allen brennt eine große, aber stille Leidenschaft

Diese einfachen Leute, die knien , erbärmlich, dumm,

Und wisse das unten, am Rhein —

Kanonen, Pferde, Soldaten, Fahnen in einer Reihe —

Mit Trompetenschall kommen mächtige Heere.

Plötzlich kennt jeder Angst;

Rasch verbreiten sich Gerüchte , die jeder hören muss,

Die feindlichen Banner flammen in den Himmel

Und bei den Botschaften tobt und weint der Mob.

Jetzt ist der Krieg gekommen und der Frieden ist zu Ende.

Auf die Stadt Paris stürzen die deutschen Truppen ein.

Sie werden zurückgewiesen und in die Champagne gefahren.

Und nun, was so viele müde Männer betrifft,

Der herrliche Tempel heißt sie willkommen

Es trifft sie am Ende der Ebene.

Sofort stellten sie ihre Kanonen in den Weg.

Es gibt jetzt weder Giebel noch Mauer

Das leidet nicht Tag und Nacht,

Wie Schüsse und Granaten in zermalmenden Sturzbächen fallen.

Der angeschlagene Tocsin zittert durch den Turm;

Das dreischiffige Kirchenschiff, die Apsis, der einsame Chor

Sind umkreist, Stunde für Stunde,

Mit donnernden Feuerbändern

Und der Tod wird unter den Menschen verstreut verbreitet.

Und dann

Das, was mit der Gnade der Taufe herrlich war;

Die stattlichen Bögen ragen in den Weltraum,

Die Querschiffe, Säulen, Fenster grau und gold,

Die Orgel, in deren Tönen das Meer rollte,

Die Krypten, von mächtigen Schatten die Wohnstätten,

Die sanften Hände der Jungfrau, die reinen Gesichter der Heiligen,

Alle, sogar die vergebenden Hände Christi, des Herrn

Wurden vom mutwilligen Schwert getroffen und gebrochen

Von sakrilegischer Lust.

O erschlagene Schönheit, oh Herrlichkeit im Staub!

Starke Mauern des Glaubens, ganz niederträchtig niedergerissen!

Die kriechenden Flammen glitzerten wie Kreuzottern

Ich habe den weißen Stoff dieses schönen Dings gegessen.

Nun erhob sich aus seiner Seele ein klägliches Stöhnen,

Die Seele, die immer das Gerechte und Gerechte liebte.

Granit und Marmor gestanden laut ihr Leid,

Die silbernen Monstranzen , die die Päpste gesegnet hatten,

Die Kelche, Lampen und Krummstäbe sind selten

Wurden von einem flammenden Hauch verbrannt und verdreht;

Der Schrecken breitete sich überall aus und schwoll an,

Die Schutzheiligen fielen in diesen Ofen,

Ihre bitteren Tränen und Schreie verstummten im Tod.

Um die Flammen kämpfen bewaffnete Heerscharen,

Die brennende Sonne spiegelt die grelle Szene wider;

Die deutsche Armee, die um ihr Leben kämpft,

Sammelt seinen zerrissenen und verängstigten linken Flügel;

Und als sie sich diesem Ort näherten

Die Reichsadler sehen

Vor ihnen auf ihrem Flug,

Hier, in der feierlichen Nacht,

Die alte Kathedrale, in die Jahre gekommen

Mit verletzten Armen ihre eigene Schande zeigen.

Könige

(Für Rev. James B. Dollard)

Die Könige der Erde sind mächtige Männer,

Und Städte werden zu ihrer Freude niedergebrannt,

Und der Himmel regnen den Tod in der stillen Nacht,

Und die Hügel rülpsen den ganzen Tag den Tod!

Aber der König des Himmels, der sie alle erschaffen hat,

Ist schön und sanft und sehr klein;

Er liegt im Stroh, beim Ochsenstall –

Mögen sie heute an Ihn denken!

Die weißen Schiffe und die roten

(Für Alden March)

Mit herabhängendem Segel und Wimpel

Dass niemals ein Wind kommen kann,

Sie schwimmen in sonnenlosen Gewässern

Neben einem sonnenlosen Strand.

Ihre mächtigen Masten und Schornsteine

Sind weiß wie Schnee,

Und mit fahler Ausstrahlung

Ihre geisterhaften Bollwerke leuchten.

Hier ist eine spanische Galeone

Das war einmal mit Gold fröhlich,

Hier ist eine römische Triere

Deren Farben den Tag überstrahlten.

Aber die tyrischen Farben sind verblasst,

Und Bugs, die einst hell waren

Nur mit Regenbogenflecken tragen

Der Tod ist wütend, schrecklich weiß.

Weiß wie das Eis, das sie umgab

Dieser unvergessene Tag,

Unter ihren blassen Schwestern

Die düstere Titanic lag.

Und durch die Meilen über ihr

Sie sah entsetzt aus und sagte:

„Was ist das für ein lebendes Schiff, das kommt?

Wo jedes Schiff tot ist?

Die geisterhaften Gefäße zitterten
Vom zerstörten Heck bis zum Bug;
Was war das für ein Schreckensding?
Das hat ihre Wachsamkeit jetzt unterbrochen?
Hinunter durch den aufgeschreckten Ozean
Ein mächtiges Schiff kam,
Nicht weiß, wie alle toten Schiffe sein müssen,
Aber rot, wie eine lebendige Flamme!

Die hellgrünen Wellen um sie herum
Wurden schnell, seltsam gefärbt,
An dem großen scharlachroten Bach, der floss
Von ihrer verletzten Seite.
Und alle ihre Decks waren scharlachrot
Und ihre ganze zerschmetterte Crew.
Sie sank zwischen den weißen Geisterschiffen
Und sie durch und durch befleckt.

Die grimmige Titanic begrüßte sie
„Und wer bist du?" Sie sagte;
„Warum schließest du dich unserer Geisterflotte an?
In lebendigem Rot gekleidet?
Wir sind die Schiffe der Trauer
Wer verbringt die müde Nacht,
Bis zum Anbruch des Jüngsten Gerichts,
Dunkel und still und weiß.

„Nein", sagte der scharlachrote Besucher,

„Obwohl ich im Meer versinke,
Ein zerstörtes Ding, das ein Schiff war,
Ich versinke nicht wie ihr.
Denn du hast dein Schicksal getroffen
Durch Sturm oder Fels oder Kampf,
 Also durch die zurückgebliebenen Jahrhunderte
Ihr tragt eure weißen Gewänder.

„Aber niemals ein abstürzender Eisberg
Noch ehrlicher Schuss des Feindes,
Kein verstecktes Riff hat mich geschickt
Der Weg, den ich gehen muss.
Meine Wunde, die das Wasser befleckt,
Mein Blut, das wie eine Flamme ist,
Legen Sie Zeugnis ab von einer abscheulichen Tat,
Eine Tat ohne Namen.

„Ich bin nicht in die Schlacht gezogen,
Ich trug freundliche Männer,
Die Kinder spielten um meine Decks,
Die Frauen sangen – und dann –
Und dann – die Sonne errötete scharlachrot
Und der Himmel verbarg sein Gesicht,
Die Welt, die Gott geschaffen hat
Wurde zu einem beschämenden Ort!

„Mein Unrecht schreit nach Rache,
Der Schlag, der mich hierher geschickt hat
War in die Hölle gerichtet. Mein sterbender Schrei

Hat das Ohr Jehovas erreicht.

Nicht alle sieben Ozeane

Werde diesen Fleck wegwaschen;

Auf einer Stirn, die eine Krone trägt

Ich bin das Zeichen Kains.

Wenn Gottes große Stimme sich versammelt

Die Flotte am Jüngsten Tag,

Die Geister zerstörter Schiffe werden auferstehen

Im Meer und in der Meerenge und in der Bucht.

Obwohl sie schon seit Ewigkeiten liegen

Unter der unveränderlichen Flut,

Sie werden weiß sein wie Silber,

Aber einer wird wie Blut sein.